데굴데굴

병맛 챌린지

Challenge

데굴데굴
병맛 챌린지

초판 1쇄 인쇄 2020년 12월 24일
초판 1쇄 발행 2021년 1월 2일

지은이	마들렌북 편집부
발행인	임충배
홍보/마케팅	양경자
편집	김민수
디자인	정은진
펴낸곳	마들렌북
제작	(주)피앤엠123

출판신고 2014년 4월 3일
등록번호 제406-2014-000035호

경기도 파주시 산남로 183-25
TEL 031-946-3196 / FAX 031-946-3171
홈페이지 www.pub365.co.kr

ISBN 979-11-90101-43-1 (12190)
© 마들렌북 편집부 & 2020 PUB.365

데굴데굴

병맛 챌린지

Challenge

How to use?

Title _____ 01

1 어떤 챌린지를 해볼까?

1 책꽂이에서 아직 읽지 않은 책 찾아 읽기
2 근무 시간에 몰래 영화 보며 월차
3 눈 덮인 겨울 산 보러 가기
4 집에서 간단하게 할 수 있는 취미
5 아무런 이유도 없지만 울기/화내기
6 벚어 축제에 참가하기
7 먹은 만큼 운동하기
8 인기 드라마 밤새워 몰아보기
9 오늘 하루 아무것도 하지 않기
10 스스로에게 위로의 말 건네기
11 1년 만기 적금 가입하기
12 바다 보러 당일치기 여행 떠나

2 *Mood Tracker*

EXCELLENT   GOOD   AVERAGE   POOR

1 오늘은 어떤 챌린지를 해볼까? 12가지 목록을 확인해 보세요.

2 챌린지를 실천했나요? Mood Tracker에 체크해 보세요.

(4가지 Mood에 따른 색상을 정하고 캐릭터 얼굴에 색칠해요.)

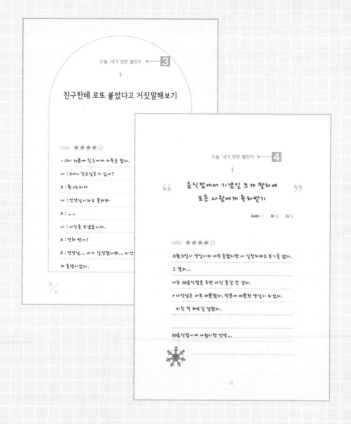

③ 나의 챌린지를 스스로 평가해요. 날짜도 기록하고 별점도 매겨요.

④ 나만의 아이디어가 있다고요? 특별한 하루를 기록해 보세요!

Part. 1

이불속에서
데굴데굴

꽁꽁 싸매고 한겨울에 챌린지

Title _____ 01

어떤 챌린지를 해볼까?

1 책꽂이에서 아직 읽지 않은 책 꺼내어 읽기

2 근무 시간에 몰래 영화 보며 월루하기

3 눈 덮인 겨울 산 보러 가기

4 집에서 간단하게 할 수 있는 취미생활 만들기

5 아무런 이유도 없지만 울기/화내기

6 빙어 축제에 참가하기

7 먹은 만큼 운동하기

8 인기 드라마 밤새워 몰아보기

9 오늘 하루 아무것도 하지 않기

10 스스로 위로의 말 건네기

11 1년 만기 적금 가입하기

12 바다 보러 당일치기 여행 떠나기

Mood Tracker

EXCELLENT   GOOD   AVERAGE   POOR

✳

책꽂이에서 아직 읽지 않은 책 꺼내어 읽기

년   월   일

rate ☆☆☆☆☆

_____

_____

_____

_____

_____

_____

_____

✳

근무 시간에 몰래 영화 보며 월루하기

년 월 일

rate ☆☆☆☆☆

_____

_____

_____

_____

_____

_____

_____

참잘했어요

오늘, 내가 정한 챌린지

눈 덮인 겨울 산 보러 가기

년   월   일

rate ☆☆☆☆☆

....

....

....

....

....

....

....

＊

집에서 간단하게 할 수 있는
취미생활 만들기

rate ☆☆☆☆☆

소소한
일상의행복

오늘, 내가 정한 챌린지

✳

아무런 이유도 없지만 울기/화내기

년　월　일

rate ☆☆☆☆☆

오늘, 내가 정한 챌린지

＊

빙어 축제에 참가하기

년 월 일

rate ☆☆☆☆☆

외출할땐
꼭! 마스크착용

오늘, 내가 정한 챌린지

먹은 만큼 운동하기

년   월   일

rate ☆☆☆☆☆

✳

인기 드라마 밤새워 몰아보기

년　　월　　일

rate ☆☆☆☆☆

혼자라서
째토좋아

오늘 하루 아무것도 하지 않기

년   월   일

rate ☆☆☆☆☆

....

....

....

....

....

....

....

오늘, 내가 정한 챌린지

스스로 위로의 말 건네기

년　월　일

rate ☆☆☆☆☆

탄탄
다진삶이요

오늘, 내가 정한 챌린지

＊

1년 만기 적금 가입하기

rate ☆☆☆☆☆

✳

바다 보러 당일치기 여행 떠나기

년   월   일

rate ☆☆☆☆☆

별이 쏟아지는
해변으로 가요

오늘, 내가 정한 챌린지

✳

66   99

rate ☆☆☆☆☆

오늘, 내가 정한 챌린지

✳

66   99

년   월   일

rate ☆☆☆☆☆

....

....

....

....

....

....

....

23

오늘, 내가 정한 챌린지

＊

"   "

년   월   일

rate ☆☆☆☆☆

....

....

....

....

....

....

....

오늘, 내가 정한 챌린지

米

"　　　　　　　　　　　　　　　"

년　　월　　일

rate ☆☆☆☆☆

오늘, 내가 정한 챌린지

＊

" "

rate ☆☆☆☆☆

오늘, 내가 정한 챌린지

✳

66

99

년   월   일

rate ☆☆☆☆☆

Title _____ 02

어떤 챌린지를 해볼까?

Mood Tracker

◯ EXCELLENT   ◯ GOOD   ◯ AVERAGE   ◯ POOR

오늘, 내가 정한 챌린지

✳

해뜨기 전에 일어나서 1등으로 출근하기

년   월   일

rate ☆☆☆☆☆

오늘, 내가 정한 챌린지

✳

발렌타인데이에
초콜릿 만들어서 내가 다 먹기

년 월 일

rate ☆☆☆☆☆

주인공은
나야나!

오늘, 내가 정한 챌린지

화장실에 스마트폰 안 들고 가기

년   월   일

rate ☆☆☆☆☆

✳

두뇌 회전을 위해 견과류 먹기

년   월   일

rate ☆☆☆☆☆

_____

_____

_____

_____

_____

_____

_____

밝은이래가
펼쳐질거예요

오늘, 내가 정한 챌린지

장르 무관, 아무 책이나
하루 한 페이지 독서하기

년   월   일

rate ☆☆☆☆☆

회사에서 출석부 게임하기

년 · 월 · 일

rate ☆☆☆☆☆

✳

잠자기 전에 마스크팩 하기

년   월   일

rate ☆☆☆☆☆

＊

동네 고양이 이름 지어주기

년   월   일

rate ☆☆☆☆☆

_____

_____

_____

_____

_____

_____

그대 융위해
준비했어요

오늘, 내가 정한 챌린지

근무시간 중에 주말 계획 짜기

년   월   일

rate ☆☆☆☆☆

명절에 혼자 훌쩍 여행 떠나기

년   월   일

rate ☆☆☆☆☆

떠날 준비
되셨어요?

오늘, 내가 정한 챌린지

＊

친구들과 얼굴 몰아주기 사진 찍기

년   월   일

rate ☆☆☆☆☆

물 받은 욕조 안에 옷 입은 채로 앉아있기

년   월   일

rate ☆☆☆☆☆

감기
존중하세요

오늘, 내가 정한 챌린지

✳

66   99

년   월   일

rate ☆☆☆☆☆

....

....

....

....

....

....

....

오늘, 내가 정한 챌린지

✳

66   99

                              년   월   일

rate ☆☆☆☆☆

오늘, 내가 정한 챌린지

※

"   "

년   월   일

rate ☆☆☆☆☆

오늘, 내가 정한 챌린지

99

년   월   일

rate ☆☆☆☆☆

오늘, 내가 정한 챌린지

✳

" "

년   월   일

rate ☆☆☆☆☆

오늘, 내가 정한 챌린지

米

66
99

년   월   일

rate ☆☆☆☆☆

Title _____ 03

어떤 챌린지를 해볼까?

1 인스타에 나의 웃긴 사진과 함께 글 올리기

2 밤낮 바꿔 살아보기

3 3월 14일은 파이데이! 가능한 만큼 원주율 외워보기

4 스포츠 경기 관람할 때 상대 팀 응원하기

5 회사에서 커피 골든벨 울리기

6 금요일에 도깨비 여행 가기

7 화장실에서 시 한 편 읽기

8 길에서 좋아하는 노래 크게 불러 보기

9 월요일 아무 이유 없이 반차 쓰기

10 불의를 외면하기

11 바다를 좋아하면 산, 산을 좋아하면 바다로 떠나기

12 터미널에 가서 아무 버스나 타고 낯선 곳에 가 보기

Mood Tracker

EXCELLENT   GOOD   AVERAGE   POOR

오늘, 내가 정한 챌린지

✳

인스타에 나의 웃긴 사진과 함께 글 올리기

년   월   일

rate ☆☆☆☆☆

＊

밤낮 바꿔 살아보기

rate ☆☆☆☆☆

나답의
느리가
여기대리요

오늘, 내가 정한 챌린지

*

3월 14일은 파이데이!
가능한 만큼 원주율 외워보기

년   월   일

rate ☆☆☆☆☆

✳

스포츠 경기 관람할 때
상대 팀 응원하기

년   월   일

rate ☆☆☆☆☆

응원할게

＊

회사에서 커피 골든벨 울리기

년   월   일

rate ☆☆☆☆☆

✳

금요일에 도깨비 여행 가기

년   월   일

rate ☆☆☆☆☆

새로운 티켓팅이
떠오릅니다

오늘, 내가 정한 챌린지

✳

화장실에서 시 한 편 읽기

년   월   일

rate ☆☆☆☆☆

＊

길에서 좋아하는 노래 크게 불러 보기

년   월   일

rate ☆☆☆☆☆

함께가요

＊

월요일 아무 이유 없이 반차 쓰기

년   월   일

rate ☆☆☆☆☆

✳

불의를 외면하기

년   월   일

rate ☆☆☆☆☆

_____

_____

_____

_____

_____

_____

지나가리라

오늘, 내가 정한 챌린지

바다를 좋아하면 산,
산을 좋아하면 바다로 떠나기

년   월   일

rate ☆☆☆☆☆

✳

터미널에서 아무 버스나 타고 낯선 곳에 가 보기

년   월   일

rate ☆☆☆☆☆

평생 기억될,
오늘

오늘, 내가 정한 챌린지

✳

"   "

rate ☆☆☆☆☆

....

....

....

....

....

....

....

오늘, 내가 정한 챌린지

✳

"   "

년   월   일

rate ☆☆☆☆☆

오늘, 내가 정한 챌린지

✳

년   월   일

rate ☆☆☆☆☆

오늘, 내가 정한 챌린지

✳

66

99

년   월   일

rate ☆☆☆☆☆

오늘, 내가 정한 챌린지

✳

66   99

년   월   일

rate ☆☆☆☆☆

Part. 2

기지개를 켜고
데굴데굴

꽃 피우는 따스한 계절의 챌린지

Title _____ 04

어떤 챌린지를 해볼까?

1 떨어지는 벚꽃잎 잡아보기

2 식목일에 나만의 화분 가꾸기

3 오늘 하루 커피 줄이기

4 헤어진 연인에게 맨정신에 연락해보기

5 직장 상사에게 당당하게 반대 의견 말하기(뒷감당 스스로)

6 로또 사서 주변 사람들과 나누기

7 나 홀로 꽃구경 가기

8 극장 맨 뒷줄에 앉아 영화 보기

9 부모님 중 한 분과 단둘이 여행 가기

10 애인과 블랙데이에 자장면 먹으러 가기

11 첫 월급으로 직원들 빨간 속옷 사주기

12 술 마시다가 옆 테이블과 합석하기

Mood Tracker

1   2

3   4   5   6

7   8   9   10

11   12

○ EXCELLENT   ○ GOOD   ○ AVERAGE   ○ POOR

＊

떨어지는 벚꽃잎 잡아보기

년   월   일

rate ☆☆☆☆☆

....

....

....

....

....

....

....

식목일에 나만의 화분 가꾸기

년   월   일

rate ☆☆☆☆☆

나무 심는 날
식목일

오늘, 내가 정한 챌린지

오늘 하루 커피 줄이기

년   월   일

rate ☆☆☆☆☆

✳

헤어진 연인에게 맨정신에 연락해보기

년   월   일

rate ☆☆☆☆☆

사월
어느봄날

오늘, 내가 정한 챌린지

직장 상사에게 당당하게 반대 의견 말하기
(뒷감당 스스로)

년   월   일

rate ☆☆☆☆☆

＊

로또 사서 주변 사람들과 나누기

년   월   일

rate ☆☆☆☆☆

이루어질께가

오늘, 내가 정한 챌린지

나 홀로 꽃구경 가기

년   월   일

rate ☆☆☆☆☆

_____

_____

_____

_____

_____

_____

_____

오늘, 내가 정한 챌린지

극장 맨 뒷줄에 앉아 영화 보기

년   월   일

rate ☆☆☆☆☆

오늘, 내가 정한 챌린지

부모님 중 한 분과 단둘이 여행 가기

년   월   일

rate ☆☆☆☆☆

오늘, 내가 정한 챌린지

✳

애인과 블랙데이에 자장면 먹으러 가기

년   월   일

rate ☆☆☆☆☆

평생든든

오늘, 내가 정한 챌린지

✳

첫 월급으로 직원들 빨간 속옷 사주기

년 월 일

rate ☆☆☆☆☆

오늘, 내가 정한 챌린지

＊

술 마시다가 옆 테이블과 합석하기

년   월   일

rate ☆☆☆☆☆

우리함께
행복해져요

오늘, 내가 정한 챌린지

*

66

99

년   월   일

rate ☆☆☆☆☆

오늘, 내가 정한 챌린지

✳

66   99

년   월   일

rate ☆☆☆☆☆

오늘, 내가 정한 챌린지

66

99

년   월   일

rate ☆☆☆☆☆

오늘, 내가 정한 챌린지

66   99

년   월   일

rate ☆☆☆☆☆

오늘, 내가 정한 챌린지

✳

66

99

rate ☆☆☆☆☆

오늘, 내가 정한 챌린지

✳

66   99

년   월   일

rate ☆☆☆☆☆

Title _____ 05

어떤 챌린지를 해볼까?

1 제주도 자전거 여행하기

2 음식점에서 기념일 크게 말하고 모든 사람에게 축하받기

3 어린이날 받았던 선물 생각하며 어릴 적 모습을 회상하기

4 부모님과 가족사진 찍기

5 애인과 신발 바꿔 신고 산책하기

6 어버이날에 친구 부모님께 안부 연락하기

7 몰랐던 꽃 이름 5가지 이상 외워보기

8 하루 동안 내가 먹은 칼로리 기록하기

9 아파트 옥상에서 소리 지르기

10 석가탄신일에 교회 가기

11 싸워서 연락 끊긴 친구에게 먼저 연락해서 사과하기

12 우산 없이 비 맞으며 걷기

Mood Tracker

EXCELLENT   GOOD   AVERAGE   POOR

오늘, 내가 정한 챌린지

제주도 자전거 여행하기

년   월   일

rate ☆☆☆☆☆

✳

음식점에서 기념일 크게 말하고
사람들에게 축하받기

년   월   일

rate ☆☆☆☆☆

부탁해!

어린이날 받았던 선물 생각하며
어릴 적 모습을 회상하기

년   월   일

rate ☆☆☆☆☆

....

....

....

....

....

....

....

오늘, 내가 정한 챌린지

부모님과 가족사진 찍기

년   월   일

rate ☆☆☆☆☆

이세상
단하나뿐인
사랑하는
나의부모님

✳

애인과 신발 바꿔 신고 산책하기

년   월   일

rate ☆☆☆☆☆

어버이날에 친구 부모님께 안부 연락하기

rate ☆☆☆☆☆

몰랐던 꽃 이름 5가지 이상 외우기

년   월   일

rate ☆☆☆☆☆

오늘, 내가 정한 챌린지

하루 동안 내가 먹은 칼로리 기록하기

년   월   일

rate ☆☆☆☆☆

리건천웅이요

오늘, 내가 정한 챌린지

아파트 옥상에서 소리 지르기

년   월   일

rate ☆☆☆☆☆

....

....

....

....

....

....

....

오늘, 내가 정한 챌린지

*

석가탄신일에 교회 가기

년   월   일

rate ☆☆☆☆☆

_____

_____

_____

_____

_____

_____

_____

수고하셨습니다~

오늘, 내가 정한 챌린지

✳

싸워서 연락 끊긴 친구에게
먼저 연락해서 사과하기

년   월   일

rate ☆☆☆☆☆

오늘, 내가 정한 챌린지

우산 없이 비 맞으며 걷기

rate ☆☆☆☆☆

_____

_____

_____

_____

_____

_____

_____

오늘, 내가 정한 챌린지

✳

66

99

년   월   일

rate ☆☆☆☆☆

오늘, 내가 정한 챌린지

＊

"   "

년   월   일

rate ☆☆☆☆☆

오늘, 내가 정한 챌린지

✳

66

99

rate ☆☆☆☆☆

오늘, 내가 정한 챌린지

✳

66   99

rate ☆☆☆☆☆

오늘, 내가 정한 챌린지

66

99

년   월   일

rate ☆☆☆☆☆

오늘, 내가 정한 챌린지

66   99

년   월   일

rate ☆☆☆☆☆

Title _____ 06

어떤 챌린지를 해볼까?

1 즐겨듣는 팝송 번역해보기

2 외래어 안 쓰기(말할 때마다 1,000원씩 저금하기)

3 밤 10시 이후 핸드폰 사용 안 하기

4 평소보다 더 오래 반려동물과 함께 산책하기

5 초등학교 1학년 동창에게 연락해보기

6 한강 가서 돗자리 깔고 맥주 마시기

7 24시간 이상 누워 생활하기

8 지금 당장 헬스장 등록하기

9 '집에 가고 싶다'라는 표현을 5개 국어로 찾아보기

10 직접 전주에 가서 전주비빔밥 먹기

11 친구한테 로또 맞았다고 거짓말해보기

12 집 안에서 나체로 생활하기

Mood Tracker

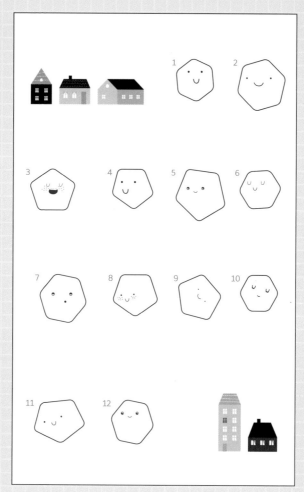

EXCELLENT   GOOD   AVERAGE   POOR

오늘, 내가 정한 챌린지

즐겨듣는 팝송 번역해보기

년   월   일

rate ☆☆☆☆☆

오늘, 내가 정한 챌린지

✳

외래어 안 쓰기
(말할 때마다 1,000원씩 저금하기)

년   월   일

rate ☆☆☆☆☆

아이스
아메리카노

오늘, 내가 정한 챌린지

밤 10시 이후 핸드폰 사용 안 하기

년   월   일

rate ☆☆☆☆☆

✳

평소보다 더 오래
반려동물과 함께 산책하기

년   월   일

rate ☆☆☆☆☆

어제보다 오늘 더
사랑합니다

오늘, 내가 정한 챌린지

초등학교 1학년 동창에게 연락해보기

년   월   일

rate ☆☆☆☆☆

오늘, 내가 정한 챌린지

＊

한강 가서 돗자리 깔고 맥주 마시기

년   월   일

rate ☆☆☆☆☆

_____

_____

_____

_____

_____

_____

_____

썸띵투드링크 🥛

오늘, 내가 정한 챌린지

✳

24시간 이상 누워 지내기

년   월   일

rate ☆☆☆☆☆

오늘, 내가 정한 챌린지

＊

지금 당장 헬스장 등록하기

년   월   일

rate ☆☆☆☆☆

늘 건강하세요!

오늘, 내가 정한 챌린지

＊

'집에 가고 싶다'라는 표현을
5개 국어로 찾아보기

년　　　월　　　일

rate ☆☆☆☆☆

오늘, 내가 정한 챌린지

✳

직접 전주에 가서 전주비빔밥 먹기

년   월   일

rate ☆☆☆☆☆

함께라서
더 행복한가 봄

오늘, 내가 정한 챌린지

✳

친구한테 로또 맞았다고 거짓말해보기

년   월   일

rate ☆☆☆☆☆

✳

집 안에서 나체로 생활하기

rate ☆☆☆☆☆

나에게로
떠나는여행

오늘, 내가 정한 챌린지

✳

66

99

rate ☆☆☆☆☆

오늘, 내가 정한 챌린지

✳

66 99

년   월   일

rate ☆☆☆☆☆

오늘, 내가 정한 챌린지

" "

년　　월　　일

rate ☆☆☆☆☆

오늘, 내가 정한 챌린지

✳

❝   ❞

                                        년   월   일

rate ☆☆☆☆☆

오늘, 내가 정한 챌린지

✳

66　　　　　　　　　　　　　　　　　　99

년　　월　　일

rate ☆☆☆☆☆

Part. 3

선풍기를 틀고
데굴데굴

푸른 바다를 맘속에 그리며 챌린지

Title _____ 07

어떤 챌린지를 해볼까?

1 오늘 하루 만 원 이하 쓰기

2 자신만을 위한 요리를 만들어서 한 상 차리기

3 5년 후 가고 싶은 나라 지도에 표시해 놓고 틈틈이 보기

4 좋아하는 연예인 보러 촬영장에 가기

5 캠핑하기

6 혼자 클럽 가서 춤추기

7 한여름에 하루 종일 에어컨 빵빵하게 틀어놓기

8 하루 세 끼 꼭 챙겨 먹기

9 해수욕장에서 비키니 또는 삼각 수영복 입어보기

10 브이로그 촬영해서 올리기

11 약속 없는 금요일에 야근하기

12 한 시간 일찍 잠들기

Mood Tracker

  1 2

3 4 5 6

7 8 9 10

11 12

EXCELLENT　　　GOOD　　　AVERAGE　　　POOR

오늘, 내가 정한 챌린지

오늘 하루 만 원 이하 쓰기

년 　 월 　 일

rate ☆☆☆☆☆

_____

_____

_____

_____

_____

_____

_____

*

자신만을 위한 요리를 만들어서
한 상 차리기

년   월   일

rate ☆☆☆☆☆

저녁이 있는 삶

✳

5년 후 가고 싶은 나라
지도에 표시해 놓고 틈틈이 보기

년   월   일

rate ☆☆☆☆☆

좋아하는 연예인 보러 촬영장에 가기

년   월   일

rate ☆☆☆☆☆

우리 손잡고
걸을까요?

오늘, 내가 정한 챌린지

✳

캠핑하기

년   월   일

rate ☆☆☆☆☆

오늘, 내가 정한 챌린지

✳

혼자 클럽 가서 춤추기

년   월   일

rate ☆☆☆☆☆

우주라이크

오늘, 내가 정한 챌린지

한여름에 하루 종일
에어컨 빵빵하게 틀어놓기

년   월   일

rate ☆☆☆☆☆

오늘, 내가 정한 챌린지

＊

하루 세끼 꼭 챙겨 먹기

년   월   일

rate ☆☆☆☆☆

"식사하셨어요?"

＊

해수욕장에서 비키니 또는
삼각 수영복 입어보기

년   월   일

rate ☆☆☆☆☆

＊

브이로그 촬영해서 올리기

년   월   일

rate ☆☆☆☆☆

내일을
찾아라

오늘, 내가 정한 챌린지

✳

약속 없는 금요일에 야근하기

년   월   일

rate ☆☆☆☆☆

오늘, 내가 정한 챌린지

한 시간 일찍 잠들기

년   월   일

rate ☆☆☆☆☆

넌,
할수있어!

오늘, 내가 정한 챌린지

✳

66   99

년   월   일

rate ☆☆☆☆☆

오늘, 내가 정한 챌린지

✳

" "

년   월   일

rate ☆☆☆☆☆

오늘, 내가 정한 챌린지

米

" "

년   월   일

rate ☆☆☆☆☆

오늘, 내가 정한 챌린지

✳

66

99

년   월   일

rate ☆☆☆☆☆

오늘, 내가 정한 챌린지

＊

66 99

년   월   일

rate ☆☆☆☆☆

오늘, 내가 정한 챌린지

✳

66

99

년   월   일

rate ☆☆☆☆☆

Title _____ 08

어떤 챌린지를 해볼까?

1 해가 진 후 하늘에서 금성 찾아보기

2 친구들과 똑같은 옷으로 맞춰 입기

3 길에서 보이는 족족 쓰레기 줍기

4 오늘 하루만 더 뚱뚱해져 보기

5 친구 소개팅 시켜주기

6 내 방 안에서 24시간 동안 버티기

7 극장 가서 어린이 영화 보기

8 취할 때까지 낮술 먹기

9 정말 보고 싶은 선생님께 연락해보기

10 직장에서 상사만 모르게 눈치게임하기

11 오늘 하루 한 번은 크게 웃기

12 하루 동안 TV, 휴대폰, PC 등 멀티미디어 기기
   사용하지 않기

Mood Tracker

EXCELLENT   GOOD   AVERAGE   POOR

오늘, 내가 정한 챌린지

해가 진 후 하늘에서 금성 찾아보기

년   월   일

rate ☆☆☆☆☆

오늘, 내가 정한 챌린지

米

친구들과 똑같은 옷으로 맞춰 입기

년   월   일

rate ☆☆☆☆☆

당신이 있었기에
오늘의 우리가 있습니다

오늘, 내가 정한 챌린지

길에서 보이는 족족 쓰레기 줍기

년   월   일

rate ☆☆☆☆☆

✳

오늘 하루만 더 뚱뚱해져 보기

년   월   일

rate ☆☆☆☆☆

모든것 훌훌 버리고

오늘, 내가 정한 챌린지

친구 소개팅 시켜주기

년   월   일

rate ☆☆☆☆☆

＊

내 방 안에서 24시간 동안 버티기

년   월   일

rate ☆☆☆☆☆

네가
행복했으면
좋겠어

오늘, 내가 정한 챌린지

극장 가서 어린이 영화 보기

년　　　월　　　일

rate ☆☆☆☆☆

....

....

....

....

....

....

....

오늘, 내가 정한 챌린지

✳

취할 때까지 낮술 먹기

년   월   일

rate ☆☆☆☆☆

즐거운일상
생길거예프

✳

정말 보고 싶은 선생님께 연락해보기

년   월   일

rate ☆☆☆☆☆

✳

직장에서 상사만 모르게 눈치게임하기

년   월   일

rate ☆☆☆☆☆

우리들
세상

오늘, 내가 정한 챌린지

오늘 하루 한 번은 크게 웃기

년   월   일

rate ☆☆☆☆☆

오늘, 내가 정한 챌린지

✳

하루 동안 TV, 휴대폰, PC 등
멀티미디어 기기 사용하지 않기

년   월   일

rate ☆☆☆☆☆

이또한
지나가리라

오늘, 내가 정한 챌린지

*

66

99

rate ☆☆☆☆☆

오늘, 내가 정한 챌린지

✳

66   99

rate ☆☆☆☆☆

오늘, 내가 정한 챌린지

✳

66   99

년   월   일

rate ☆☆☆☆☆

오늘, 내가 정한 챌린지

✳

" "

rate ☆☆☆☆☆

오늘, 내가 정한 챌린지

✳

66

99

년   월   일

rate ☆☆☆☆☆

오늘, 내가 정한 챌린지

✳

66   99

rate ☆☆☆☆☆

Title _____ 09

어떤 챌린지를 해볼까?

1 애인과 내기해서 꿀밤 때리기

2 직접 부산에 가서 부산 어묵 먹기

3 친구에게 사랑한다고 말하기

4 일요일에 출근해서 월요병 퇴치하기

5 6개월 이상 연락 안 한 사람에게 연락해보기

6 친구들이랑 우정 사진 찍기

7 명절에 예의 없는 친척들에게 똑같이 행동하기

8 동창회 주최하기

9 핸드프린팅 도전해 보기

10 친구네 집 연락도 없이 찾아가기

11 애인 몰래 소개팅하기

12 우리 동네 반상회 참석하기

Mood Tracker

1 2

3 4 5 6

7 8  9 10

11 12

EXCELLENT   GOOD   AVERAGE   POOR

오늘, 내가 정한 챌린지

애인과 내기해서 꿀밤 때리기

년   월   일

rate ☆☆☆☆☆

오늘, 내가 정한 챌린지

✳

직접 부산에 가서 부산 어묵 먹기

년   월   일

rate ☆☆☆☆☆

휴가계획
세우셨어요?

오늘, 내가 정한 챌린지

친구에게 사랑한다고 말하기

년   월   일

rate ☆☆☆☆☆

....

....

....

....

....

....

....

＊

일요일에 출근해서 월요병 퇴치하기

년   월   일

rate ☆☆☆☆☆

새로운 내일로

오늘, 내가 정한 챌린지

6개월 이상 연락 안 한 사람에게 연락해보기

년   월   일

rate ☆☆☆☆☆

오늘, 내가 정한 챌린지

친구들이랑 우정 사진 찍기

년   월   일

rate ☆☆☆☆☆

서로의
동물이 되어주리

명절에 예의 없는 친척들에게
똑같이 행동하기

년   월   일

rate ☆☆☆☆☆

오늘, 내가 정한 챌린지

✳

동창회 주최하기

년   월   일

rate ☆☆☆☆☆

오늘의
우리가 있습니다

오늘, 내가 정한 챌린지

핸드프린팅 도전해 보기

년   월   일

rate ☆☆☆☆☆

✳

친구네 집 연락도 없이 찾아가기

년   월   일

rate ☆☆☆☆☆

커피한잔할까요?

오늘, 내가 정한 챌린지

＊

애인 몰래 소개팅하기

년   월   일

rate ☆☆☆☆☆

오늘, 내가 정한 챌린지

우리 동네 반상회 참석하기

년   월   일

rate ☆☆☆☆☆

삶이있는
가을의
어느날

오늘, 내가 정한 챌린지

" "

년　　　월　　　일

rate ☆☆☆☆☆

오늘, 내가 정한 챌린지

✳

❝   ❞

년   월   일

rate ☆☆☆☆☆

오늘, 내가 정한 챌린지

✳

" "

년   월   일

rate ☆☆☆☆☆

오늘, 내가 정한 챌린지

＊

"   "

년   월   일

rate ☆☆☆☆☆

오늘, 내가 정한 챌린지

✳

❝   ❞

년   월   일

rate ☆☆☆☆☆

Part. 4

옷깃을 여미고
데굴데굴

은행은 밟지 않도록 주의하며 챌린지

Title _____ 10

어떤 챌린지를 해볼까?

1 카페에서 음료 주문할 때 가능한 모든 엑스트라 추가하기

2 시내버스 타고 투어 해보기

3 목요일부터 술 마시며 불금을 맞이하기

4 나라별 랜드마크 외우기

5 복권 당첨을 위해 절, 교회, 성당 가서 기도하기

6 직장 상사만 모르게 단체 휴가 내기

7 플라스틱 제품 사용하지 않기

8 조부모님 댁 방문하여 용돈 드리기

9 관심 있는 취미 동호회에 들어가기

10 만 보 걷기

11 친구와 오지 여행하기

12 전국 휴게소 투어 하기

Mood Tracker

  1 2

3 4 5 6

7 8 9 10

11 12

 EXCELLENT   GOOD AVERAGE POOR

오늘, 내가 정한 챌린지

✳

카페에서 음료 주문할 때
가능한 모든 엑스트라 추가하기

년   월   일

rate ☆☆☆☆☆

_____

_____

_____

_____

_____

_____

✳

시내버스 타고 투어 해보기

년   월   일

rate ☆☆☆☆☆

동행하겠습니다

목요일부터 술 마시며 불금을 맞이하기

년   월   일

rate ☆☆☆☆☆

나라별 랜드마크 외우기

rate ☆☆☆☆☆

떠나요 둘이서
모든 것 훌훌 버리고

오늘, 내가 정한 챌린지

복권 당첨을 위해
절, 교회, 성당 가서 기도하기

년   월   일

rate ☆☆☆☆☆

✳

직장 상사만 모르게 단체 휴가 내기

년   월   일

rate ☆☆☆☆☆

내일은
더 좋은일이
생길거예요

오늘, 내가 정한 챌린지

플라스틱 제품 사용하지 않기

년   월   일

rate ☆☆☆☆☆

오늘, 내가 정한 챌린지

✳

조부모님 댁 방문하여 용돈 드리기

년   월   일

rate ☆☆☆☆☆

사랑합니다

오늘, 내가 정한 챌린지

관심 있는 취미 동호회에 들어가기

년 　 월 　 일

rate ☆☆☆☆☆

오늘, 내가 정한 챌린지

⁕

만 보 걷기

년   월   일

rate ☆☆☆☆☆

꽃길만걷자

오늘, 내가 정한 챌린지

✳

친구와 오지 여행하기

년   월   일

rate ☆☆☆☆☆

＊

전국 휴게소 투어 하기

년   월   일

rate ☆☆☆☆☆

함께가요
새로운 내길요

오늘, 내가 정한 챌린지

✳

66

99

rate ☆☆☆☆☆

오늘, 내가 정한 챌린지

＊

66   99

년   월   일

rate ☆☆☆☆☆

오늘, 내가 정한 챌린지

✳

“   ”

년   월   일

rate ☆☆☆☆☆

오늘, 내가 정한 챌린지

66　　　　　　　　　　　　99

년　　　월　　　일

rate ☆☆☆☆☆

오늘, 내가 정한 챌린지

✳

66 99

년 　 월 　 일

rate ☆☆☆☆☆

오늘, 내가 정한 챌린지

✳

66   99

년   월   일

rate ☆☆☆☆☆

Title _____ 11

어떤 챌린지를 해볼까?

1 동네 고양이 간식 챙겨주기

2 여행하고픈 나라의 기초 회화 배우기

3 술 취한 척 싫은 사람한테 하고픈 말 다 하기

4 남사친/여사친 만들기

5 국가와 민족, 동북아 정세에 대해 생각해보기

6 인스타 맛집 찾아가서 줄 서기

7 윗자리 알아보기

8 애인과 옷 바꿔입기

9 직장 동료들이랑 스포츠 내기하기

10 첫사랑에게 연락해서 자고 있냐고 물어보기

11 불꽃 축제 보러 여의도 공원 가기

12 베개를 평소와 반대로 두고 잠들기

Mood Tracker

1 2

3 4 5 6

7 8 9 10

11 12

 EXCELLENT GOOD AVERAGE POOR

오늘, 내가 정한 챌린지

동네 고양이 간식 챙겨주기

년   월   일

rate ☆☆☆☆☆

오늘, 내가 정한 챌린지

＊

여행하고픈 나라의 기초 회화 배우기

년   월   일

rate ☆☆☆☆☆

일상의 행복

오늘, 내가 정한 챌린지

✳

술 취한 척 싫은 사람한테
하고픈 말 다 하기

년   월   일

rate ☆☆☆☆☆

✳

남사친/여사친 만들기

rate ☆☆☆☆☆

오늘
맑음

오늘, 내가 정한 챌린지

국가와 민족,
동북아 정세에 대해 생각해보기

년   월   일

rate ☆☆☆☆☆

오늘, 내가 정한 챌린지

*

인스타 맛집 찾아가서 줄 서기

년   월   일

rate ☆☆☆☆☆

한고삼우리

오늘, 내가 정한 챌린지

✳

묏자리 알아보기

년   월   일

rate ☆☆☆☆☆

오늘, 내가 정한 챌린지

✳

애인과 옷 바꿔입기

년   월   일

rate ☆☆☆☆☆

---   다해!

오늘, 내가 정한 챌린지

직장 동료들이랑 스포츠 내기하기

년   월   일

rate ☆☆☆☆☆

오늘, 내가 정한 챌린지

＊

첫사랑에게 연락해서
자고 있냐고 물어보기

년   월   일

rate ☆☆☆☆☆

....

....

....

....

....

....

....

오늘하루
어땠어요?

오늘, 내가 정한 챌린지

✳

불꽃 축제 보러 여의도 공원 가기

년 월 일

rate ☆☆☆☆☆

오늘, 내가 정한 챌린지

✳

베개를 평소와 반대로 두고 잠들기

년   월   일

rate ☆☆☆☆☆

꿈이
이루어질께니

오늘, 내가 정한 챌린지

米

66

99

년   월   일

rate ☆☆☆☆☆

오늘, 내가 정한 챌린지

✳

66   99

년   월   일

rate ☆☆☆☆☆

오늘, 내가 정한 챌린지

✳

66   99

년   월   일

rate ☆☆☆☆☆

오늘, 내가 정한 챌린지

✳

" "

rate ☆☆☆☆☆

오늘, 내가 정한 챌린지

년   월   일

rate ☆☆☆☆☆

....

....

....

....

....

....

....

....

오늘, 내가 정한 챌린지

＊

66

99

년   월   일

rate ☆☆☆☆☆

Title _____ 12

어떤 챌린지를 해볼까?

1 집에서 한 끼 거하게 차려 먹기

2 회사에서 마니또 게임 하기

3 혼자만의 시간 30분 이상 갖기

4 애인에게 손편지 쓰기

5 한겨울 무작정 따뜻한 곳을 찾아 여행 떠나기

6 눈밭에 뒹굴기

7 필요한 영양소가 결핍된 상태로 하루 살아보기

8 마음에 두었던 사람에게 고백하기

9 지키지 못할 새해 계획 세워보기

10 크리스마스에 집에서 잠만 자기

11 미래를 알기 위해 점 보러 가기

12 제야의 종 타종행사 참석하러 종각에 가기

Mood Tracker

1   2

3   4   5   6

7   8   9   10

11   12

 EXCELLENT   ● GOOD   ● AVERAGE   ● POOR

오늘, 내가 정한 챌린지

집에서 한 끼 거하게 차려 먹기

년 월 일

rate ☆☆☆☆☆

✳

회사에서 마니또 게임 하기

년   월   일

rate ☆☆☆☆☆

당신곁에
늘 언제나!

✳

혼자만의 시간 30분 이상 갖기

년   월   일

rate ☆☆☆☆☆

✳

애인에게 손편지 쓰기

년   월   일

rate ☆☆☆☆☆

세상에 단 하나뿐인
그대에게

오늘, 내가 정한 챌린지

한겨울 무작정 따뜻한 곳을 찾아
여행 떠나기

년 　월 　일

rate ☆☆☆☆☆

오늘, 내가 정한 챌린지

✳

눈밭에 뒹굴기

년   월   일

rate ☆☆☆☆☆

....

....

....

....

....

....

....

눈이 올까요?

오늘, 내가 정한 챌린지

필요한 영양소가 결핍된 상태로
하루 살아보기

년 월 일

rate ☆☆☆☆☆

＊

마음에 두었던 사람에게 고백하기

년   월   일

rate ☆☆☆☆☆

사랑을
고백하기
좋은날

오늘, 내가 정한 챌린지

지키지 못할 새해 계획 세워보기

년   월   일

rate ☆☆☆☆☆

오늘, 내가 정한 챌린지

✳

크리스마스에 집에서 잠만 자기

년   월   일

rate ☆☆☆☆☆

행복이
뭐 별건가요?

오늘, 내가 정한 챌린지

미래를 알기 위해 점 보러 가기

년   월   일

rate ☆☆☆☆☆

제야의 종 타종행사 참석하러 종각에 가기

년   월   일

rate ☆☆☆☆☆

올해도
수고하셨습니다~

오늘, 내가 정한 챌린지

“

”

년   월 . 일

rate ☆☆☆☆☆

오늘, 내가 정한 챌린지

✳

" "

rate ☆☆☆☆☆

오늘, 내가 정한 챌린지

✳

66
                                                              99

rate ☆☆☆☆☆

rate ☆☆☆☆☆

오늘, 내가 정한 챌린지

✳

66   99

년   월   일

rate ☆☆☆☆☆

....

....

....

....

....

....

....

오늘, 내가 정한 챌린지

" "

rate ☆☆☆☆☆

오늘, 내가 정한 챌린지

✳

66

99

년   월   일

rate ☆☆☆☆☆

_____

_____

_____

_____

_____

_____

_____

데굴데굴

병맛 챌린지

Challenge